Die Deutschprofis A1

Testheft

von Ágnes Einhorn

auf der Basis von
„Das neue Deutschmobil 1“ von
Jutta Douvitsas-Gamst und
Sigrid Xanthos-Kretzschmer

Ernst Klett Sprachen
Stuttgart

Bildquellen
U1 Corbis, Berlin: (Edith Held); **6.1** Thinkstock (insagostudio), München; **6.2** Shutterstock (Artush), New York; **6.3** Thinkstock (wojciech_gajda), München; **6.4** Thinkstock (u_t_a), München; **6.5** Thinkstock (Antonio_Diaz), München; **6.6** Thinkstock (Digital Vision.), München; **8** Thinkstock (Sonya Etchison), München; **9.1** Shutterstock (Artush), New York; **9.2** Thinkstock (philipimage), München; **9.3** Thinkstock (Jupiterimages), München; **9.4** Thinkstock (Monkey Business Images), München; **9.5** Thinkstock (moodboard), München; **9.6** iStockphoto (Antagain), Calgary, Alberta; **10** Shutterstock (wavebreakmedia), New York; **11** Thinkstock (kMickey), München; **12.1** © PONS GmbH, 2015; **12.2** Shutterstock (Ingvar Bjork), New York; **12.3** Thinkstock (iJacky), München; **12.4** Shutterstock (Kozini), New York; **12.5** Thinkstock (antomanio), München; **12.6** Shutterstock (Seregam), New York; **12.7** iStockphoto (EdnaM), Calgary, Alberta; **12.8** Thinkstock (rvlsoft), München; **12.9** Thinkstock (Brand X Pictures), München; **12.10** Thinkstock (karandaev), München; **13.1** iStockphoto (Oktay Ortakcioglu), Calgary, Alberta; **13.2** Shutterstock (Aleksander Krsmanovic), New York; **13.3** Shutterstock (Ingvar Bjork), New York; **13.4** Thinkstock (karandaev), München; **13.5** iStockphoto (carlosgaw), Calgary, Alberta; **13.6** iStockphoto (Coprid), Calgary, Alberta; **14** Thinkstock (Jupiterimages), München; **16** Shutterstock (wckiw), New York; **20** Carsten Riedl; **22** Thinkstock (Photick/Odilon Dimier), München; **24.1** Thinkstock (Jupiterimages), München; **24.2** Thinkstock (vladimirzahariev), München; **25** Thinkstock (Jupiterimages), München; **28.9** Shutterstock (matahiasek), New York; **29.1** Thinkstock (AlexRaths), München; **29.2** Thinkstock (Pixland), München; **31.15** Shutterstock (matahiasek), New York; **38.1** Thinkstock (Stockbyte), München; **38.2** Thinkstock (John Henley), München

Audios
Tontechnik und Produktion Gunther Pagel, Top 10 Tonstudio, Viernheim
Aufnahmeleitung Stefanie Plisch de Vega
Sprecherinnen und Sprecher Marvin Floren, Titus Mahlberg, Benjamin Pagel, Friederike Rhein, Hans-Peter Stoll, Sophia Stößer, Rosmin Schumacher, Sofi Vega, Emilio Vega, Ron Vodovozov

Autorin Ágnes Einhorn
Projektleitung Enikő Rabl
Redaktion Katharina Theml, Büro Z, Wiesbaden
Gestaltungskonzeption Claudia Stumpfe
Satz Regina Krawatzki, Stuttgart
Illustrationen Zoltán Jécsai, Budapest; Vera Brüggemann, Bielefeld
Umschlaggestaltung Sabine Kaufmann
Reproduktionen Meyle + Müller, Medien-Management, Pforzheim

1. Auflage 1 8 7 6 | 2024 23 22

Druck und Bindung Elanders GmbH, Waiblingen

ISBN: 978-3-12-676497-1

9 783126 764971

INHALT

Zur Konzeption

Ziel der Tests

Die Testaufgaben wurden aufgrund der wichtigsten Lernziele der Lektionen entwickelt. Sie sind nicht zu schwer, so dass die Schülerinnen und Schüler (im Folgenden S) beim Lösen der Aufgaben möglichst Erfolgserlebnisse haben und sehen, was sie schon alles können. Das ist ausschlaggebend für die weitere Motivation.

Inhalt des Testhefts

Das Testheft enthält

- je einen *Test zu den Lektionen* 2–12. Zur Lektion 1 gibt es keinen Test, da es sich hierbei um einen phonetischen Einstieg handelt, der fakultativ einsetzbar ist. Lektion 2 und 3 enthalten noch wenig Sprachmaterial, deshalb gibt es dazu einen gemeinsamen Test.
- nach den Lektionen 6 bzw. 12 – parallel zu den Fertigkeitentrainings im Kursbuch – jeweils einen *Fertigkeitentest* mit den Teilen Hören, Lesen, Sprechen und Schreiben.
- abschließend einen *Modelltest* zur Prüfung *Goethe-Zertifikat A1: Fit in Deutsch 1*, natürlich dem Alter der Kinder angepasst.

Die *Lösungen* zu allen Tests sind im Lehrerhandbuch enthalten.

Das *Hörmaterial* zu den Fertigkeitentests sowie zum Prüfungsmodellsatz finden Sie auf der Lehrwerkseite im Internet (s. Link auf dem Umschlag hinten).

Struktur der Tests zu den Lektionen

Die Tests zu den Lektionen folgen alle dem gleichen Aufbau und bestehen aus jeweils vier Aufgaben:

1. Aufgabe zu Wortschatz bzw. Strukturen: Die S ergänzen Sätze oder Texte.
2. Leseaufgabe: Die S lesen kurze Texte und sollen Äußerungen verstehen.
3. Aufgabe zur Kommunikation und zu festen Wendungen: Wortschatz sowie Strukturen werden in kurzen Dialogen angewendet. Die Aufgabe bereitet auf das Sprechen vor.
4. Schreiben: Am Anfang ergänzen die S zunächst Sätze, später formulieren sie kurze eigene Texte. Das Schreiben wird durch Impulsfragen unterstützt.

Im Einklang mit dem Lehrwerk ist die Grammatik stets kontextuell eingebettet und wird nicht explizit getestet. Sie wird nicht als Ziel, sondern als Mittel der Kommunikation betrachtet.

Für jede Aufgabe bekommen die S fünf Punkte (einen pro richtiger Antwort). Auf der letzten Seite können sie ihre Ergebnisse in eine Übersicht eintragen und so ihre sprachliche Entwicklung nachvollziehen.

Hinweise zu den Fertigkeitentests

Der mündliche Teil der Fertigkeitentests ist als Paarprüfung angelegt. Kopieren Sie die Sprechkarten und lassen Sie die S je zwei Karten ziehen. So entwickeln sich vier Minidialoge.

Auch hier bekommen die S durchgehend fünf Punkte für jede Aufgabe. Da die einzelnen Kompetenzbereiche alle gleich wichtig sind, gibt es für die Schreibaufgaben genauso viele Punkte wie für die geschlossenen Leseaufgaben. Beim Sprechen und Schreiben empfiehlt es sich, nicht nur grammatikalisch und orthografisch korrekte Sätze zu bewerten, sondern eine Bewertungsskala anzuwenden.

Bewertungsskala

Schreiben: Bei den Schreibaufgaben kann man kleinere Fehler noch akzeptieren, im Vordergrund steht die Verständlichkeit. D.h. die fünf Punkte setzen sich aus zwei Kriterien zusammen:

- Inhalt und kommunikativer Wert (2 Punkte)

2 Punkte:	der Text ist inhaltlich gut und die Aufgabe wurde gelöst
1 Punkt:	gewisse Informationen werden zwar vermittelt, aber der Text ist nur teilweise verständlich
0 Punkte:	der Text ist unverständlich

- sprachliche Richtigkeit (3 Punkte)

3 Punkte:	der Text ist auf dem erwarteten sprachlichen Niveau, es gibt nur vereinzelte, kleinere Fehler
2 Punkte:	der Text ist auf dem erwarteten Niveau, enthält aber Fehler
1–0 Punkte:	der Text entspricht dem Niveau nicht, er ist unverständlich

Sprechen: Das gleiche Prinzip gilt beim Sprechen, d.h. die Dialoge werden nicht einzeln, sondern nach einer Gesamtskala bewertet.

- Inhalt und kommunikativer Wert (2 Punkte)

2 Punkte:	die Sätze / Minidialoge sind inhaltlich und kommunikativ gut, die Antworten passend
1 Punkt:	die Sätze / Minidialoge sind nur teilweise gut, die Kommunikation ist teilweise gestört
0 Punkte:	die Sätze / Minidialoge sind unverständlich, es kommt keine Kommunikation zustande

- sprachliche Richtigkeit (3 Punkte)

3 Punkte:	die Fragen / Aufforderungen und die Antworten sind auf dem erwarteten sprachlichen Niveau, es gibt nur vereinzelte, kleinere Fehler
2 Punkte:	die Fragen / Aufforderungen und die Antworten sind auf dem erwarteten Niveau, enthalten aber Fehler
1–0 Punkte:	die Fragen / Aufforderungen und die Antworten entsprechen dem Niveau nicht, sie sind unverständlich

Hinweise zum Modelltest

Mit Hilfe des Modelltests können Sie mit den S die Prüfungssituation simulieren. Die Hörtexte sind zweimal hintereinander zu hören und enthalten die entsprechenden Pausen zum Lesen und Lösen der Aufgaben. Für den Prüfungsteil Sprechen kopieren Sie die Seiten im Testbuch und schneiden Sie die Karten aus. Die S ziehen je zwei Karten und stellen Fragen oder formulieren Aufforderungen.

Die in den Teilen Hören und Sprechen erzielten Punkte werden mit 1,5 multipliziert. Die im Teil Schreiben erzielten Punkte werden mit 2 multipliziert. Zur Ermittlung der Gesamtpunktzahl werden die in den einzelnen Teilen erzielten Punkte addiert. Das Gesamtergebnis wird auf volle Punkte aufgerundet.
Nähere Hinweise zur Bewertung und zur Durchführung der Prüfung finden Sie unter https://www.goethe.de/de/spr/kup/prf/prf/gzfit1.html

TEST ZU LEKTION 2–3

1 Was ist das?

_____ / 5 Punkte

0. Fußball spielen 1. ____________________ 2. ____________________

3. ____________________ 4. ____________________ 5. ____________________

2 Wer ist das?

_____ / 5 Punkte

Max

Tommi

Hanna

Leon

Sibel

Lara

0. Hallo, ich bin Max. Ich schwimme gern. Und du?
1. Ich heiße _______________. Ich skate nicht gern, aber ich mache gern Musik. Ich spiele Gitarre.
2. Hallo, ich bin _______________. Ich mache gern Musik und ich tanze. Aber Computerspiele spiele ich nicht gern.
3. Ich heiße _______________. Ich reite gern, aber ich tanze nicht gern. Und du?
4. Ich bin _______________. Ich klettere gern und ich mache Karate. Und was machst du?
5. Hallo, ich bin _______________. Ich mache nicht gern Sport. Aber ich spiele Computerspiele. Und du?

3 Was passt? ______ / 5 Punkte

Danke, gut. • ~~Das ist Alina.~~ •
Hallo, Petra. Wie geht's? • Ich heiße Julia. Und du? •
Tschüss, Moritz. • Wie bitte?

0. • Wer ist das? ○ Das ist Alina.
1. • Guten Tag! Wie heißt du? ○ ______________________
2. • Ich heiße Paul Olsen. ○ ______________________ • O – L – S – E – N.
3. • Hallo, wie geht's? ○ ______________________ Und dir?
4. • Guten Tag, Herr Strauß. ○ ______________________
5. • Auf Wiedersehen, Frau Wolf! ○ ______________________

4 Antworte. ______ / 5 Punkte

0. • Wer ist das? ○ Das ist Moritz.
1. • Wie heißt du? ○ ______________________
2. • Wie geht's? ○ ______________________
3. • Was machst du gern? ○ ______________________
4. • Was machst du nicht gern? ○ ______________________
5. • Wer spielt gern Fußball? ○ ______________________

Meine Punkte: ______

20 – 17
16 – 14
13 – 10

TEST ZU LEKTION 4

1 **Der, das, die?** ______ / 5 Punkte

~~Familie~~ • Schwester • Hund • Baby • Bruder • Freundin

der	das	die
______	______	Familie
______		______
		______

2 **Richtig oder falsch?** ______ / 5 Punkte

Über mich

Hi, ich bin Finn und das ist mein Freund Mark. Ich bin 9 und er ist 10. Ich spiele gern Computerspiele und ich mache auch Karate. Mark spielt Gitarre. Das ist mein Hund, er heißt Amos. Er ist 8, er mag auch Musik!

	richtig	falsch
0. Er heißt Finn.	X	
1. Er macht Sport.		
2. Amos ist der Freund von Finn.		
3. Mark ist 8 Jahre alt.		
4. Mark macht Musik.		
5. Amos ist der Hund von Mark.		

3 Was passt? ______ / 5 Punkte

~~Ist das dein Bruder?~~ • Ist das deine Schwester? • Spielst du Tennis? • Spielt dein Bruder Fußball? • Wie heißen deine Großeltern? • Wie heißt deine Schwester?

0. • Ist das dein Bruder? ○ Nein, das ist mein Onkel.
1. • ______________________ ○ Sie heißen Inge und Hans.
2. • ______________________ ○ Nein, das ist die Schwester von Tommi.
3. • ______________________ ○ Nein, ich mache Karate.
4. • ______________________ ○ Anna.
5. • ______________________ ○ Nein, er reitet gern.

4 Ergänze die Sätze. ______ / 5 Punkte

Meine Familie

Tommi

Julia, 12

0. Hallo, ich bin Tommi. Ich spiele gern Computerspiele.
1. Das ist meine Schwester. Sie ______________ und sie ______________________.

Kevin

2. Das ist mein Bruder. Er ______________ und er ______________.

Vater, Paul

3. Das ist ______________. Er ______________ und er ______________________.

Mutter, Jana

4. Das ist ______________. Sie ______________ und sie ______________________.
5. Das ist ______________ sie ______________.

Bonny

Meine Punkte: ______

☺ 20–17
☺ 16–14
😐 13–10

TEST ZU LEKTION 5

1 **Was passt?** ______ / 5 Punkte

0. ● Machst du Karate? ○ Ja.
1. ● ________________ du Englisch? ○ Nein, nur Deutsch.
2. ● ________________ er gern Fahrrad? ○ Ja, sehr gern.
3. ● ________________ du gern? ○ Ja, ich lese gern.
4. ● Wo ________________ er? ○ In München.
5. ● ________________ du Gitarre? ○ Nein, ich spiele Flöte.

machen
sprechen
fahren
lesen
wohnen
spielen

2 **Ergänze die Informationen.** ______ / 5 Punkte

Ich bin Daniel. Ich komme aus Zürich, das ist in der Schweiz. Ich bin 10. Ich spreche Deutsch und Französisch. Ich lese viel und spiele gern Computerspiele.
Ich habe einen Bruder. Er heißt Jonas, er ist 8, er mag Fußball.
Mein Freund ist Peter, er mag Pferde. Wir spielen aber oft Computerspiele oder wir sehen Filme. Ich habe zwei Katzen: Sie heißen Frodo und Sam.

Name: Daniel
Stadt: ________________
Sprache: ________________
Hobby: ________________
Familie: ________________
Tiere: ________________

3 Was passt? ______ / 5 Punkte

Aus Berlin. • ~~Er heißt Christian.~~ • In Wien. •
Ja, er spielt Fußball. • Ja, und er spricht auch Französisch. •
Nein, ich mag Sport nicht.

0. • Wie heißt er? ○ Er heißt Christian.
1. • Macht er Sport? ○ ______
2. • Spricht er Englisch? ○ ______
3. • Woher kommt er? ○ ______
4. • Magst du Ski fahren? ○ ______
5. • Wo wohnst du? ○ ______

4 Schreib einen Text. Schreib 5 Sätze. ______ / 5 Punkte

Name:	Sarah
Stadt:	Wien
Alter:	11 Jahre
Sprache:	Deutsch, Englisch
Hobby:	lesen, Flöte spielen

Das ist ______

______

______

______

______

______

Meine Punkte: ______

20 – 17

16 – 14

13 – 10

TEST ZU LEKTION 6

1 Was passt? ______ / 5 Punkte

0. Er hat Keine______ Schwester. (keinen, kein, keine)
1. Ich brauche ______________ Bleistift. (den, das, die)
2. Sie macht ______________ Foto. (einen, ein, eine)
3. Sie hat ______________ Buch. (keinen, kein, keine)
4. Hast du ______________ Spitzer? (einen, ein, eine)
5. Hanna kauft ______________ Sporttasche. (einen, ein, eine)

2 Was hat Jan? Kreuz an. ______ / 5 Punkte

☒

☐

☐

☐

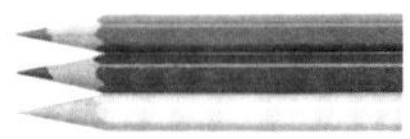
☐

☐

☐

☐

☐

☐

Was hast du in der Schultasche?

Viele Kinder haben schwere Schultaschen. Unsere Reporter fragen Schüler, was alles in der Tasche ist.

➤ **Jan:**
Was ich in der Schultasche habe? Ich habe natürlich Bücher und Hefte. Ich habe auch ein paar Buntstifte. Schere, Spitzer und sowas habe ich nicht, das brauche ich nicht. Ich habe auch Sportsachen und eine Trinkflasche, und natürlich ein Handy. Ich habe auch ein paar Bonbons, sie sind aber schon alt. Ich habe keinen Glücksbringer. Den mag ich nicht.

3 Was passt? ______ / 5 Punkte

~~Er ist groß.~~ • 3 Euro 20, bitte. • Die Schere. •
Es ist dick. • Ja, danke. • Zwei.

0. • Wie ist der Ball? ○ Er ist groß.
1. • Guten Tag, ich brauche einen Füller. ○ ______________________
2. • Wie viele Kulis hast du? ○ ______________________
3. • Ist das alles? ○ ______________________
4. • Wie heißt das auf Deutsch? ○ ______________________
5. • Wie ist das Buch? ○ ______________________

4 Ergänze die Sätze. ______ / 5 Punkte

0. Das ist ein Buch, es ist dick. (dick)

1. Ich habe ______________________, ______________________. (lang)
2. Im Mäppchen ist ______________________, ______________________. (grün)

3. Das ist ______________________, ______________________. (eckig)
4. Ich habe ______________________, ______________________. (dünn)

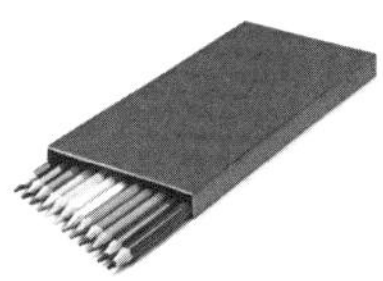

5. Das ist ______________________, ______________________. (schwer)

Meine Punkte: ______

20 – 17

16 – 14

13 – 10

FERTIGKEITENTEST 1–6

1 Hören ______ / 5 Punkte

1 **Du hörst fünf Gespräche. Sind die Sätze richtig oder falsch?**
Du hörst jedes Gespräch zweimal.

	richtig	falsch
1. Markus hat keinen Spitzer.		
2. Emily spielt Fußball.		
3. Giulia kommt aus Italien.		
4. Der Hund von Micha ist 11 Jahre alt.		
5. Mia skatet gern.		

2 Lesen ______ / 5 Punkte

Lies den Text. Was passt? Kreuz an.

Hallo, ich bin Lara und das sind Marie und Max. Ich bin 12 Jahre alt. Ich wohne in Freiburg. Ich mag Tiere, ich habe einen Hund und zwei Katzen. Ich gehe jeden Sonntag reiten, ich mag Pferde sehr. Leider habe ich kein eigenes Pferd.
Marie ist meine Freundin, sie macht Musik: Sie spielt Flöte. Sie reitet aber nicht. Wir fahren oft Fahrrad, wir fahren zusammen in die Schule. Ich mag die Schule.
Max ist mein Bruder, er ist 10. Er macht gern Sport, er spielt Fußball. Er geht mit meinem Vater oft ins Stadion. Ich mag Fußball auch, aber ich gehe nicht ins Stadion.

	Lara	Marie	Max	
1.				… ist 10 Jahre alt.
2.				… mag reiten.
3.				… macht Musik.
4.				… geht ins Fußballstadion.
5.				… ist Laras Freund(in).

3 Schreiben _____ / 5 Punkte

Wer bist du? Stell dich vor. Schreib 8 Sätze.

Name? Alter? Land? Wohnort? Schwester / Bruder?

Sprachen? Sport? Musik? Katze / Hund?

Das bin ich

____

____

____

____

____

____

____

____

____

4 Sprechen _____ / 5 Punkte

Stell Fragen. Wähl zwei Karten und frag einen Mitschüler / eine Mitschülerin. Antworte auf seine / ihre Fragen.

Name? Alter? Lesen? Fahrrad? Sport? Musik?

Filme? Schule? Hobby? Tier? Englisch? Schultasche?

Meine Punkte: _____

☺ **20 – 17**

☺ **16 – 14**

😐 **13 – 10**

TEST ZU LEKTION 7

1 **Was passt?** ______ / 5 Punkte

fährt • geht • hat • spielt • steht • ~~wohnt~~

Leon ist neu in Berlin. Er wohnt an einem Park, seine Wohnung ist groß, sie (1) ____________ drei Zimmer. Das Kinderzimmer ist schön und groß. Im Zimmer (2) ____________ sein Computer. Er (3) ____________ gern am Computer. Leon (4) ____________ oft zu Fuß zur Schule. Er braucht nur 15 Minuten. Bei schlechtem Wetter (5) ____________ er mit der Straßenbahn.

2 **Richtig oder falsch?** ______ / 5 Punkte

Das ist Tom. Er wohnt in Graz, das ist in Österreich. Er hat einen Bruder, er heißt Jan. Sie wohnen in der Stadt. Sie haben keinen Garten, aber es gibt dort einen Park. Im Park sind immer viele Kinder, sie skaten oder spielen Fußball. Tom hat ein Kinderzimmer, er teilt es aber mit seinem Bruder. Dort schläft er, sein Computer steht auch dort. Jan spielt gern Gitarre, so lernt Tom oft im Wohnzimmer. Tom fährt oft mit dem Fahrrad zur Schule oder er geht zu Fuß. Die Schule ist groß und schön. Er hat viele Freunde, in den Pausen spielen sie auf dem Hof.
Am Nachmittag hat Tom Training, er spielt Fußball. Zum Training fährt er mit dem Bus, er braucht 40 Minuten zur Sporthalle. Danach fährt er nach Hause. Dann lernt er noch. Das ist manchmal schwer, aber er mag Fußball.

	richtig	falsch
0. Tom wohnt in Deutschland.		X
1. Tom skatet im Garten.		
2. Es gibt ein Kinderzimmer: Tom und Jan schlafen in einem Zimmer.		
3. Tom lernt im Kinderzimmer oder im Wohnzimmer.		
4. Tom spielt Fußball. Das Training ist auf dem Schulhof.		
5. Tom fährt mit dem Bus zum Training.		

3 Was passt? ______ / 5 Punkte

Ein Bett und ein Regal mit Büchern. • Einen Bahnhof und eine U-Bahn. • Sie ist klein, aber schön. • ~~Im Bad.~~ • Ja, aber meine Schwester wohnt auch dort. • Nein, ich gehe zu Fuß.

0. • Wo duschst du? ○ Im Bad.
1. • Fährst du mit dem Bus zur Schule? ○ ____________________
2. • Wie ist deine Wohnung? ○ ____________________
3. • Was gibt es in der Stadt? ○ ____________________
4. • Hast du ein Kinderzimmer? ○ ____________________
5. • Was steht in Annas Zimmer? ○ ____________________

4 Schreib einen Text. Schreib 5 Sätze. ______ / 5 Punkte

Wo wohnst du?

Wie ist dein Haus / deine Wohnung?

Wo lernst du?

Wie kommst du zur Schule?

Was machst du im Kinderzimmer?

Ich wohne ____________________

____

____

____

____

____

Meine Punkte: ______

20 – 17

16 – 14

13 – 10

TEST ZU LEKTION 8

1 **Bau Sätze.** _____ / 5 Punkte

0. ich • einkaufen • am Nachmittag

   Ich kaufe am Nachmittag ein.

1. die Wörter • Daniel • abschreiben

   ____

2. Lara und Paul • am Abend • fernsehen

   ____

3. das Buch • die Mutter • vorlesen

   ____

4. zuhören • Tom • im Unterricht

   ____

5. der Lehrer • das Heft • zurückgeben

   ____

2 **Ergänze die Tabelle.** _____ / 5 Punkte

Was ist dein Lieblingsfach?

Anne: Ich finde Deutsch toll. Ich lese viel, mein Lieblingsbuch ist „Tintenherz". Rechnen finde ich aber blöd.

Lotta: Ich bin nicht gut in Sport. Ich renne und klettere nicht gern. Aber ich fahre mit dem Fahrrad zur Schule. Ich singe sehr gern, ich spiele auch Flöte. Ich finde Musik klasse.

Carla: Ich rechne schnell. Da bin ich sehr gut und das mag ich sehr gern. Kunst mag ich aber nicht: Malen ist blöd.

	Lieblingsfach	Das Fach mag sie nicht
Anne	Deutsch	
Lotta		
Carla		

3 Was passt? ______ / 5 Punkte

50 Cent. • Am Dienstag und am Donnerstag. • Am Mittwochnachmittag und am Samstag. • Deutsch, Mathematik und Musik. • Ja, das ist mein Lieblingsfach. • ~~Klasse.~~

0. • Wie findest du Musik? ○ Klasse.
1. • Wann hast du Mathematik? ○ ______________________
2. • Wie viel kostet ein Schokoriegel? ○ ______________________
3. • Wann hast du Training? ○ ______________________
4. • Was hast du am Montag? ○ ______________________
5. • Magst du Mathematik? ○ ______________________

4 Schreib einen Text. Schreib 5 Sätze. ______ / 5 Punkte

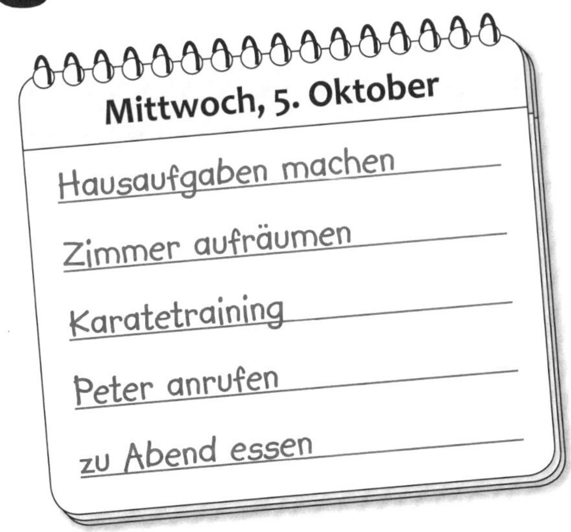

Am Mittwochnachmittag ist Max schon um 14 Uhr zu Hause. Zuerst ______________________

____

Dann ______________________

____

____

____

____

____

Meine Punkte: ______

20–17

16–14

13–10

TEST ZU LEKTION 9

1 **Bau Sätze.** ______ / 5 Punkte

0. um 8 Uhr • Maja • frühstücken Maja frühstückt um 8 Uhr.
1. fahren • mit dem Fahrrad • zur Schule • Lukas

   ____
2. du • aufstehen • am Sonntag • wann • ?

   ____
3. muss • Hausaufgaben • machen • ich

   ____
4. am Abend • fernsehen • Patrick

   ____
5. skaten • heute • möchte • ich

   ____

2 **Richtig oder falsch?** ______ / 5 Punkte

Hi, ich bin Liv. Von Montag bis Freitag stehe ich früh auf, um 7 Uhr. Ich frühstücke schnell: Ich esse Müsli und ich trinke einen Tee. Dann fahre ich zur Schule. Ich fahre oft mit dem Fahrrad, der Weg dauert 15 Minuten. Die Schule ist um 2 Uhr aus. Am Nachmittag mache ich meine Hausaufgaben. Zweimal in der Woche habe ich Box-Training. Dann komme ich erst um 5 Uhr nach Hause. Am Abend spiele ich am Computer oder ich spreche mit meiner Schwester. Ich muss früh schlafen gehen.
Am Sonntag muss ich nicht so früh aufstehen. Wir frühstücken lange. Dann gehe ich oft reiten. Am Nachmittag gehe ich mit Freunden ins Kino oder wir spielen.

	richtig	falsch
0. Sie heißt Liv.	X	
1. Sie steht immer um 7 Uhr auf.		
2. Sie frühstückt nur am Wochenende lange.		
3. Sie fährt 2 Stunden zur Schule.		
4. Sie hat um 5 Uhr Box-Training.		
5. Am Sonntag geht sie oft reiten.		

3 Was passt? ______ / 5 Punkte

Eine Stunde. • Es ist halb 2. • Einmal im Monat. •
Nein, nur am Samstag oder Sonntag. • Um 1 Uhr. • ~~Um 7 Uhr.~~

0. • Wann stehst du auf? ○ Um 7 Uhr.
1. • Wie oft räumst du das Zimmer auf? ○ ______________________
2. • Wie lange dauert der Weg zum Training? ○ ______________________
3. • Wann hast du die Sportstunde? ○ ______________________
4. • Wie viel Uhr ist es? ○ ______________________
5. • Gehst du oft klettern? ○ ______________________

4 Schreib einen Text. Schreib 5 Sätze. ______ / 5 Punkte

Mein Mittwoch und mein Sonntag

Am Mittwoch stehe ich ______________________

____

____

Am Sonntag ______________________

____

____

____

Meine Punkte: ______

20 – 17

16 – 14

13 – 10

TEST ZU LEKTION 10

1 **Was passt?** ______ / 5 Punkte

für • am • am • ~~im~~ • im • um

0. Mein Geburtstag ist im ________ Sommer.
1. Anna hat ________ zweiten Januar Geburtstag.
2. Ich muss ________ Wochenende nicht so früh aufstehen.
3. Das Klassenfest ist ________ 16 Uhr.
4. Das Geschenk ist ________ dich.
5. Wir feiern die Party ________ Garten.

2 **Ergänze die Informationen.** ______ / 5 Punkte

Meine Geburtstagsparty
Hi, ich bin Laura, ich bin 12 Jahre alt und mache eine super Party am Samstag. Ich lade viele Freunde ein. Anna, Jana und Livia kommen sicher. Jan und Jonas kommen nicht, sie fahren am Wochenende nach München. Michael ist leider krank, er bleibt auch zu Hause. Marie hat Training, aber sie kommt noch nach dem Training. Die Party fängt um 14.00 Uhr an. Wir fahren zusammen in den Zoo, wir sind bis halb 5 dort, wir möchten unbedingt die Affen und die Elefanten sehen. Da gibt es auch einen großen Spielplatz, den finde ich super. Dann fahren wir nach Hause. Wir essen Pizza und wir spielen im Garten. Die Party geht bis 19.00 Uhr.

0. Wer hat Geburtstag? Laura ________
1. Wann ist die Party? ________________
2. Wer kommt nicht? ________________
3. Wo feiert Laura? ________________
4. Was ist das Abendessen? ________________
5. Wie lange ist die Party? ________________

3 Was passt? ______ / 5 Punkte

~~Wann fängt die Party~~ an? • Wann hast du Geburtstag? •
Wie ist die Adresse? • Wie lange geht die Party? •
Wie viele Kinder kommen zur Party? • Wo ist die Party?

0. • Wann fängt die Party an? ○ Um 15.00 Uhr.
1. • ______________________ ○ Am 3. September.
2. • ______________________ ○ Wir feiern im Kletterpark.
3. • ______________________ ○ Sechs.
4. • ______________________ ○ Parkstraße 10.
5. • ______________________ ○ Bis acht Uhr.

4 Schreib eine Einladung. ______ / 5 Punkte

Liebe Verena,

ich lade dich zu meiner

Was: Geburtstagsparty
Wann: 23. Mai, 16 Uhr
Wo: zu Hause
Adresse: Langstraße 10
Telefonnummer: 233544

Dein/e

Meine Punkte: ______

☺ **20 – 17**
☺ **16 – 14**
😐 **13 – 10**

TEST ZU LEKTION 11

1 Was sagt die Mutter? ______ / 5 Punkte

0. die Hausaufgaben machen

   Mach bitte die Hausaufgaben.

1. das Zimmer aufräumen

   ____

2. die Katze füttern

   ____

3. den Käfig sauber machen

   ____

4. mit dem Hund spazieren gehen ______________________________

5. für den Hund Futter kaufen ______________________________

2 Beantworte die Fragen. ______ / 5 Punkte

Der Goldhamster

Der Goldhamster hat dunkle Augen und kleine, runde Ohren. Er ist etwa 11 cm lang. Der Rücken ist goldbraun, der Bauch ist weiß. Er ist bei uns nur ein Haustier, in Syrien und Asien leben Goldhamster in der Natur.

Hamster fressen gern Gemüse, zum Beispiel Gurken. Besonders lecker finden Hamster auch Haselnüsse und Kerne.

Die Goldhamster brauchen einen sehr großen Käfig. Sie laufen in der Natur sehr viel. Ein Laufrad ist auch sehr gut für sie.

0. Wie sind die Augen? dunkel
1. Wie groß ist der Hamster? ______________________
2. Welche Farbe hat er? ______________________
3. Wo lebt er in der Natur? ______________________
4. Was frisst er gern? ______________________
5. Wie muss der Käfig sein? ______________________

3 Was passt? ____ / 5 Punkte

Die Katze. • Die Robbe. • Fleisch und Fisch. • In Asien und Afrika. • Ja, einen Papagei. • ~~Nein, sie sind braun.~~

0. • Sind Kühe grün? ○ Nein, sie sind braun.
1. • Welches Tier kann springen und klettern? ○ ____________________
2. • Hast du ein Haustier? ○ ____________________
3. • Wo lebt der Elefant? ○ ____________________
4. • Welches Tier kann tauchen? ○ ____________________
5. • Was frisst das Krokodil? ○ ____________________

4 Wie ist der Hund? Schreib 5 Sätze. ____ / 5 Punkte

Kopf? Augen? Rücken? Beine?

Ohren? Nase? Bauch? Schwanz?

____

____

____

____

____

____

____

Meine Punkte: ____

☺ 20–17

☺ 16–14

😐 13–10

TEST ZU LEKTION 12

1 Was passst?

_____ / 5 Punkte

0. Meine Sommerferien waren richtig toll. (hatten / waren)
1. Wir ________________ am Wörthersee. (hatten / waren)
2. Das Wetter ________________ klasse, viel Sonne, kein Regen. (hatte / war)
3. Wir ________________ dort viel Spaß. (hatten / waren)
4. Ich ________________ auch im Kletterpark. (hatte / war)
5. Und wo ________________ du im Sommer? (hattest / warst)

2 Was passt?

_____ / 5 Punkte

~~an den Bodensee~~ • an Weinachten • ans Meer • in die Berge • nach Berlin • an Ostern

In den Ferien

Im Sommer wollen wir (0) an den Bodensee fahren. Bei schönem Wetter kann man baden, aber wir wollen auch viel wandern.

Wir fahren in den Ferien (1) ____________________. Ich will viel baden. Ich lerne auch tauchen, ich gehe in eine Tauchschule. Wir wollen auch eine Inseltour mit dem Schiff machen.

Julia fährt in den Winterferien (2) ____________________. Sie will Ski fahren und sie geht auch in eine Snowboard-Schule. Dann kann sie mit ihren Brüdern Snowboard fahren.

Max fährt (3) ____________________ zu seinen Großeltern. Er will mit Opa und Oma Eier färben und er sucht Eier im Garten. Sie besuchen auch seinen Onkel.

Leon fährt in den Ferien mit der Familie (4) ____________________. Die Stadt ist sehr interessant und Leon war noch nie dort. Sie besuchen das Olympiastadion und den Zoo. Leons kleine Schwester mag die Elefanten.

(5) ____________________ fahren wir zu Tante Ida und Onkel Paul nach Österreich. Der Winter ist dort immer schön. Es gibt viel Schnee, wir können auch Schlittschuh laufen. Sie haben immer einen großen Weihnachtsbaum und die ganze Familie feiert dort.

3 Was passt?

_____ / 5 Punkte

Wir fliegen nach Spanien. • Weihnachten. •
~~Es ist sehr kalt.~~ • Super, ich war in Österreich. •
Im Frühling. • Ja, das war toll.

0. • Wie ist das Wetter? ○ Es ist sehr kalt.
1. • Wann ist Ostern? ○ ______________________
2. • Warst du schon mal am Meer? ○ ______________________
3. • Was ist dein Lieblingsfest? ○ ______________________
4. • Wie waren die Ferien? ○ ______________________
5. • Was macht ihr im Sommer? ○ ______________________

4 Schreib einen Text. Schreib 5 Sätze.

_____ / 5 Punkte

Wetter? Natur? Programm?

Meine Lieblingsjahreszeit

Meine Lieblingsjahreszeit ist ______________________

Das Wetter ist ______________________

____

Im ______________________ kann man ______________________

____

____

Meine Punkte: _____

20 – 17

16 – 14

13 – 10

FERTIGKEITENTEST 7–12

1 Hören ______ / 5 Punkte

2 **Du hörst fünf Gespräche. Kreuz an: a., b. oder c.?**
Du hörst jedes Gespräch zweimal.

1. Max fährt in den Ferien

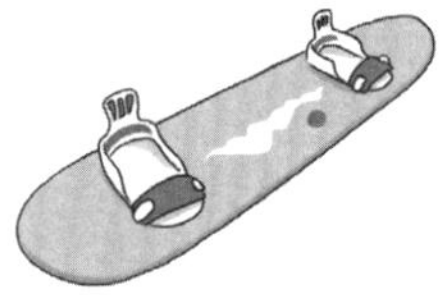

a. ans Meer. b. in die Berge. c. in eine Snowboardschule.

2. Laura war im Sommer

a. am Meer. b. auf einer Fahrradtour. c. in den Bergen.

3. Theo geht am Samstag

a. ins Kino. b. zur Kostümparty. c. zur Geburtstagsparty.

4. Tina will heute

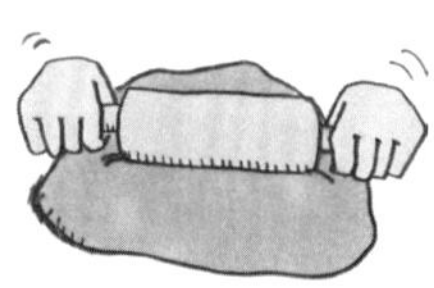

a. ein Geschenk kaufen. b. Kuchen backen. c. ein Stück Kuchen essen.

5. Sandra

a. hat Training. b. kommt zur Party. c. ist krank.

2 Lesen

______ / 5 Punkte

Halloween

Was feiert man mit geschnitzten Kürbissen und gruseligen Kostümen? Klar, Halloween! In den USA gibt es das Fest schon lange. In Deutschland dagegen ist es ziemlich neu. In Amerika ist es ein alter Brauch: Die Kinder spielen an Halloween „Süßes oder Saures". Sie tragen Kostüme, gehen von Haus zu Haus und wollen Süßigkeiten. Wenn sie keine bekommen, spielen sie den Leuten kleine Streiche. Dieses Fest wird auch in Deutschland immer beliebter. Das Kostümfest feiert man am 31. Oktober.

Man trägt gern Monsterkostüme oder man verkleidet sich als Hexe oder als Dracula. Viele schmücken auch ihre Häuser und feiern Halloween-Partys.

Vielleicht wollt ihr mit Freunden oder der Familie auch eine kleine Halloween-Party machen? Das geht leicht. Ihr könnt zum Beispiel gruselige Köpfe aus Kürbissen schnitzen oder euch das Gesicht anmalen. Auch die passende Dekoration fürs Fest kann man schnell machen. Hängt zum Beispiel Toilettenpapier im Wohnzimmer auf und stellt Teelichter auf. Stellt einen großen Kürbis vor die Tür und stellt auch ein Teelicht hinein. Wenn es dunkel ist, fängt die Party an. Viel Spaß bei Halloween!

1. Halloween
   a. gibt es in Deutschland schon lange.
   b. feiert man in den USA nicht.
   c. kommt aus Amerika nach Deutschland.

2. Zu Halloween
   a. wollen die Kinder Schokolade und Bonbons.
   b. bekommen die Kinder keine Süßigkeiten.
   c. schenkt man Kostüme.

3. Halloween feiern
   a. wir immer in der Familie.
   b. die Kinder immer zu Hause.
   c. viele mit Halloween-Partys.

4. Zu Halloween-Partys
   a. backt man Halloween-Kuchen.
   b. tragen viele Kostüme.
   c. schmückt man die Häuser mit Süßigkeiten.

5. Zur Halloween-Party
   a. kann man das Zimmer mit Toilettenpapier schmücken.
   b. muss man schon im Sommer viel arbeiten.
   c. malen viele das Wohnzimmer neu an.

3 Schreiben

_____ / 5 Punkte

Wie ist deine Schule? Schreib ca. 25 Wörter.

Name?

Wie?

Schulhof?

Garten?

AGs?

Lehrer?

Meine Schule

4 Sprechen

_____ / 5 Punkte

Wähl zwei Karten. Stell Fragen oder formuliere Bitten und Aufforderungen. Antworte oder reagiere darauf.

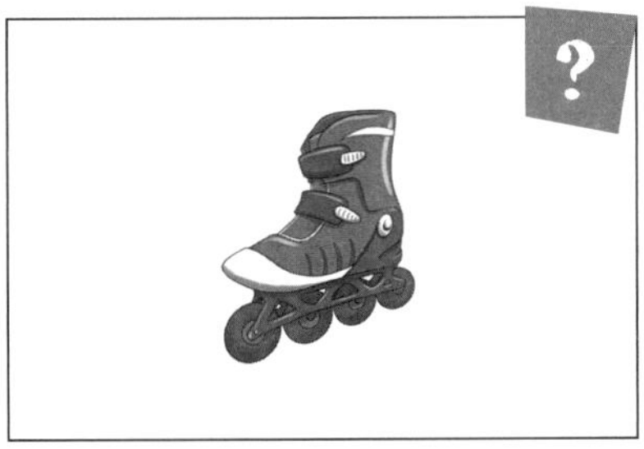

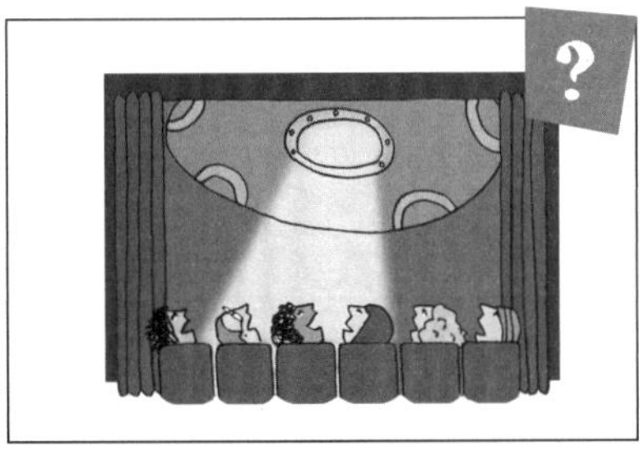

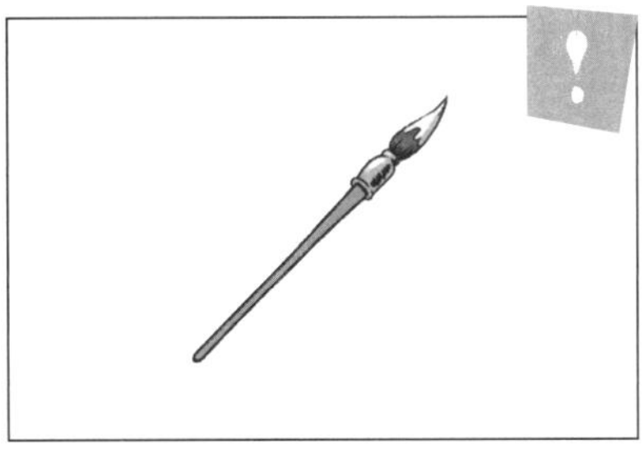

Meine Punkte: _____

☺ **20 – 17**

☺ **16 – 14**

😐 **13 – 10**

MODELLTEST
GOETHE-ZERTIFIKAT A1: FIT IN DEUTSCH 1

HÖREN 20 Minuten ______ / 18 Punkte

3 **Teil 1** ______ / 6 Punkte

Du hörst **drei** Nachrichten am Telefon. Zu jeder Nachricht gibt es Aufgaben.
Kreuze an: [a], [b] oder [c]. Du hörst jede Nachricht **zweimal**.

0. Beispiel
   Wen ruft Leo an?

[a] Maja [☒ b] Felix [c] seinen Großvater

Lies die Aufgaben 1 und 2.

1. Maja braucht Hilfe

[a] bei der Englisch-Aufgabe. [b] beim Training [c] am Telefon.

2. Wann möchte Maja mit Jana telefonieren?

[a] morgen [b] heute [c] am Wochenende

Jetzt hörst du die **erste** Nachricht am Telefon.
Du hörst die erste Nachricht **noch einmal**. Markiere **dann** die Lösung zu Aufgabe 1 und 2.

Lies die Aufgaben 3 und 4.

3. Lili bekommt zum Geburtstag

a Kekse.

b Schokolade.

c ein Rezeptbuch.

4. Oma muss

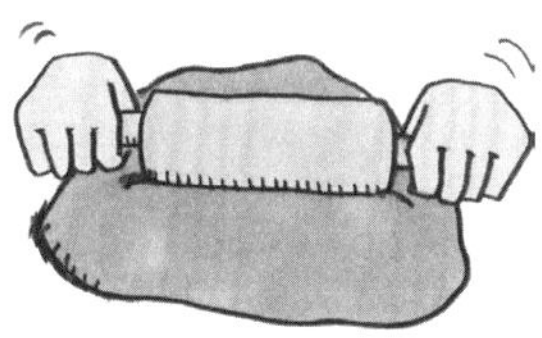

a Lara anrufen.

b Kekse für Lili backen.

c einkaufen.

Jetzt hörst du die **zweite** Nachricht am Telefon.
Du hörst die zweite Nachricht **noch einmal**. Markiere **dann** die Lösung zu Aufgabe 3 und 4.

Lies die Aufgaben 5 und 6.

5. Felix ist

[a] in der Schule. [b] auf der Party. [c] zu Hause.

6. Leo feiert

[a] im Zoo. [b] im Garten. [c] im Schwimmbad.

Jetzt hörst du die **dritte** Nachricht am Telefon.
Du hörst die dritte Nachricht **noch einmal**. Markiere **dann** die Lösung zu Aufgabe 5 und 6.

4 **Teil 2** ______ / **6 Punkte**

Du hörst **zwei** Gespräche. Zu jedem Gespräch gibt es Aufgaben.
Kreuze an: richtig oder falsch. Du hörst jedes Gespräch **zweimal**.

Beispiel

0. Tim möchte Pizza essen. ~~richtig~~ falsch

Lies die Sätze 7, 8 und 9.

7. Die Großeltern besuchen Tom am Wochenende. richtig falsch
8. Kira kann den Hamster nicht füttern. richtig falsch
9. Kira fragt ihre Mutter. richtig falsch

Jetzt hörst du das **erste** Gespräch.
Du hörst das erste Gespräch **noch einmal**.
Markiere **dann** für die Sätze 7, 8 und 9: richtig oder falsch.

Lies die Sätze 10, 11 und 12.

10. Lisa geht nicht zum Kletterpark. richtig falsch
11. Lisa muss zuerst die Mathe-Aufgaben machen. richtig falsch
12. Sie fahren mit dem Fahrrad zum Kletterpark. richtig falsch

Jetzt hörst du das **zweite** Gespräch.
Du hörst das zweite Gespräch **noch einmal**. Markiere **dann** für die Sätze 10, 11 und 12: richtig oder falsch.

Ende des Prüfungsteils Hören.

LESEN 20 Minuten

_____ / 12 Punkte

Dieser Test hat **zwei** Teile. In diesem Prüfungsteil findest du Anzeigen und kurze Beschreibungen. Zu jedem Text gibt es Aufgaben. Wörterbücher sind nicht erlaubt.

Teil 1 _____ / 6 Punkte

Lies bitte die zwei Anzeigen aus der Zeitung.

Anzeige 1

Zirkuscamp in den Sommerferien

Wir bieten Kindern und Jugendlichen die perfekten Ferien!
In kleinen Gruppen können Kinder ab dem 7. Lebensjahr verschiedene Zirkustechniken ausprobieren. Ihr könnt Einrad fahren, Jonglieren, Clownerie und einfache Akrobatik lernen. Im kleinen Zirkuszelt präsentiert ihr beim Abschluss das Erlernte.

Außerdem bieten wir noch:

- Sportmöglichkeiten: Tennis, Tischtennis, Volleyball
- Besuch im Schwimmbad
- Verpflegung:
  ein kleines Frühstück, vormittags und nachmittags ein Getränk mit Müsliriegel oder Obst, Mittagessen und Abendessen (ihr könnt zwischen zwei Menüs frei wählen).

Schreibt uns eine Mail oder ruft uns an!

Anzeige 2

Deutsch lernen mit Spiel und Spaß

Alter: 7–14 Jahre
In unserem Sprachcamp lernst du nicht nur Deutsch an einem tollen See am Rande Berlins, du triffst hier auch deutsche Kinder: Sie wohnen mit dir zusammen und machen alle Freizeitaktivitäten nach dem Deutschkurs mit. So kannst du mit ihnen immer Deutsch sprechen – eine super Möglichkeit zum Üben!
Jeden Tag haben wir ein interessantes Programm für euch: Spiele, Grillen oder Fußball und andere Sportarten. Und zweimal pro Woche fahren wir mit euch in die City von Berlin! Ihr könnt den Potsdamer Platz, die Berliner Mauer oder den Zoo besuchen.
Anmeldeschluss bis zum 11.6. auf unserer Webseite.

Aufgaben 1 bis 6.
Kreuze an: [a], [b] oder [c].

Beispiel zu Anzeige 1

0. Das Zirkuscamp ist
   [a] am Wochenende.
   [b] in den Winterferien.
   [x] in den Sommerferien

Anzeige 1

1. Was kannst du im Zirkuscamp machen?
   [a] Mit Elefanten spielen.
   [b] Fußball spielen.
   [c] Einrad fahren.

2. Du kannst auch
   [a] Sport machen.
   [b] einen Kochkurs machen.
   [c] Englisch lernen.

3. Du bekommst dort
   [a] nur ein Mittagessen.
   [b] Essen und Trinken.
   [c] kein Frühstück.

Anzeige 2

4. Im Sprachcamp lernst du
   [a] Deutsch.
   [b] kochen.
   [c] Englisch.

5. Im Camp gibt es
   [a] nur Deutschstunden.
   [b] 14 Kinder.
   [c] auch Kinder aus Deutschland.

6. Was kannst du noch sehen?
   [a] Ein Fußballstadion.
   [b] Einen Spielplatz.
   [c] Den Berliner Zoo.

Teil 2 ______ / **6 Punkte**

In einer Zeitschrift findest du zwei Texte über Kinder in Deutschland.
Lies bitte die Beschreibungen.

Beschreibung 1

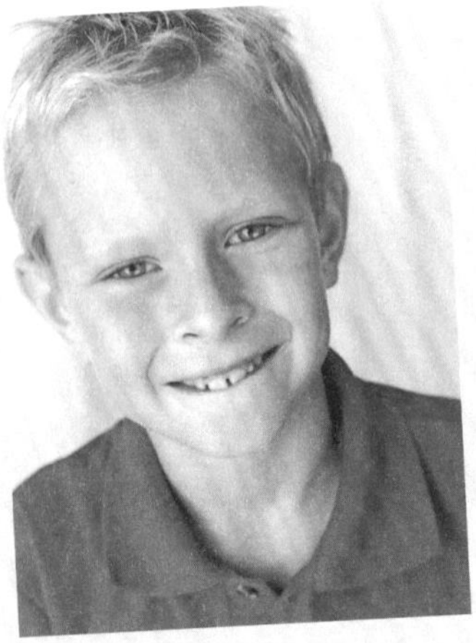

Hallo, ich bin Marc, ich bin 11 Jahre alt. Ich komme aus Deutschland. Jetzt wohnen wir in Regensburg, ich bin aber ganz neu hier. Ich gehe in die Schule hier in Regensburg, aber ich habe noch keine Freunde. Mein bester Freund ist Tobias, er wohnt aber in München. Das ist schlimm. Wir chatten aber jeden Tag.
Ich habe zwei Schwestern, sie sind 8 und 6. Ich mag Mathe und Englisch sehr und ich mache Judo. Ich höre auch viel Musik.

Beschreibung 2

Hallo, ich bin Sofie. Ich wohne in Wien, das ist in Österreich. Ich habe eine Musikgruppe, ich spiele Gitarre und ich singe auch. Meine Freundinnen spielen in der Gruppe auch mit.
Ich wohne in einem Haus. Ich habe einen Hund, Bello, er lebt im Garten. Mein Bruder hat zwei Mäuse und meine Mutter einen Papagei. Wir haben also viele Tiere im Haus.

Aufgaben 7 bis 12. Was ist richtig und was ist falsch?

Beispiel zu Beschreibung 1

0. Marc ist 11. ~~richtig~~ falsch

Beschreibung 1

7. Marc wohnt schon lange in Regensburg. richtig falsch
8. Marc hat keine Freunde in Regensburg. richtig falsch
9. Marc mag Englisch. richtig falsch

Beschreibung 2

10. Sofie spielt Klavier. richtig falsch
11. Sofie hat eine Maus. richtig falsch
12. Bello ist Sofies Bruder. richtig falsch

SCHREIBEN 20 Minuten ______ / 12 Punkte

In diesem Prüfungsteil findest du eine E-Mail. Schreibe bitte eine E-Mail als Antwort. Wörterbücher sind **nicht** erlaubt.

Du hast diese E-Mail bekommen. Antworte darauf bitte mit mindestens 30 Wörtern.

Hallo!
Ich heiße Piotr, ich wohne in Krakow und ich lerne Deutsch.
Wir haben ein Projekt: Wie leben Kinder in anderen Ländern?
Ich möchte wissen, wie ein Mittwoch bei dir ist. Was machst du mittwochs? Wie ist dein Tag? Kannst du mir bitte kurz darüber schreiben?
Vielen Dank.

Viele Grüße aus Polen
Piotr

E-Mail

____

____

____

____

____

____

____

____

____

____

____

SPRECHEN ca. 15 Minuten ______ / 12 Punkte

Dieser Test hat drei Teile. Sprich bitte mit deiner Partnerin / deinem Partner in der Gruppe.

Teil 1

Sich vorstellen

Name?

Alter?

Land?

Wohnort?

Schule?

Sprachen?

Hobby?

Teil 2

Fragen stellen und auf Fragen antworten.

Thema: Schule		
	Klasse	Freunde
	Lieblings-fach	Lehrer
	AGs	Schulhof

Thema: Wochen-ende		
	frühstücken	aufstehen
	ins Kino gehen	Sport machen
	lernen	schlafen gehen

Teil 3

Bitten, Aufforderungen oder Fragen formulieren und darauf antworten oder reagieren.

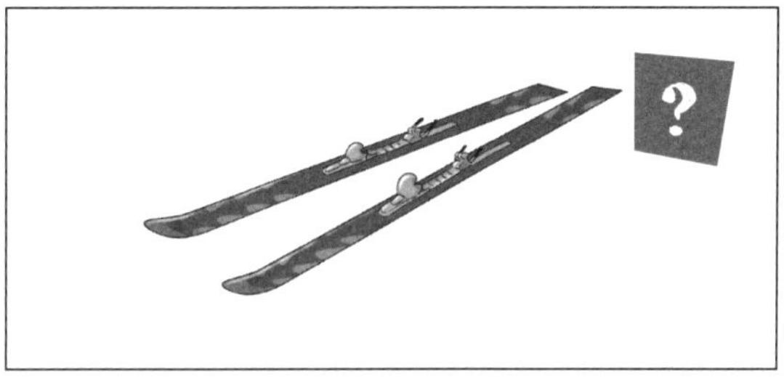

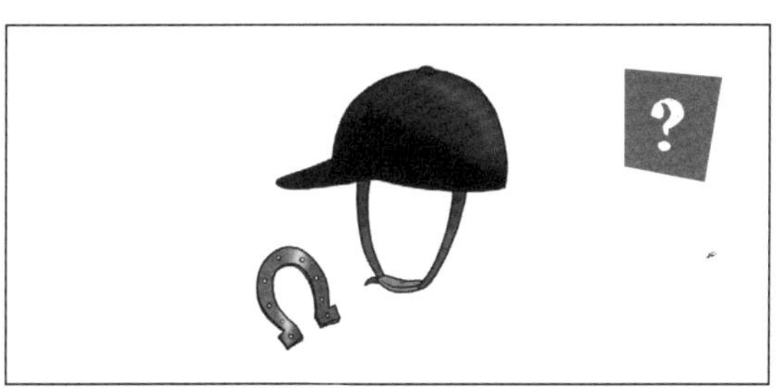

DEINE PUNKTE

	20–17	16–14	13–10
Test zu Lektion 2–3			
Test zu Lektion 4			
Test zu Lektion 5			
Test zu Lektion 6			
Fertigkeitentest 1–6			
Test zu Lektion 7			
Test zu Lektion 8			
Test zu Lektion 9			
Test zu Lektion 10			
Test zu Lektion 11			
Test zu Lektion 12			
Fertigkeitentest 7–12			

Modelltest: Goethe-Zertifikat A1: Fit in Deutsch 1

Prüfungsteil	Punkte	Gesamt	Deine Punkte
Hören	Teil 1 = 6 Punkte Teil 2 = 6 Punkte	12 x 1,5 Punkte = 18 Punkte	
Lesen	Teil 1 = 6 Punkte Teil 2 = 6 Punkte	12 Punkte	
Schreiben	6 Punkte	6 x 2 Punkte = 12 Punkte	
Sprechen	12 Punkte	12 x 1,5 Punkte = 18 Punkte	
Gesamtpunktzahl		**60 Punkte**	

60–50 sehr gut

49–40 gut

39–30 befriedigend